国語科教職教育研究資料

明石の文学

伊藤　茂
岡村　弘樹
鎌田　智恵
小林　雄一
白方　佳果
中村　健史
中村　真理
三原　尚子
著

ブックウェイ

凡例

一、本書は国語科教職教育上、有益と思われる国文学関連資料を集成し、指導上の観点から校訂・注記等を加えて一書としたものであり、教科に関する科目（国語学、国文学、漢文学に関連する科目）の手引きとして教員が利用することを想定している。作品選定にあたっては、全体の主題を「明石」に置き、時代・分野になるべく偏りの生じないよう努めた。

二、本文は原則として最も広く読まれている伝本に基づき、適宜校訂を加えた上で、現在通行の表記に合わせて漢字・仮名をあてた（近代の小説については、さらに全体を現代仮名遣いに改めた）。本書の性格に鑑みて、底本通りの厳密な本文を提供することよりも、中学校・高等学校の国語教科書における表記と統一を取ることが重要と考えたからである。

三、取り上げた作品の一々について、高等学校学習指導要領及び同解説に基づいて検討を行い、教職教育の観点から特に注意・着目すべき事柄を［総説］欄にまとめた。

目　次

国語科教職教育研究資料

明石の文学

一　神話

［総説］漢字のみによって表記された上代の作品は、言語文化の変遷について理解を深める手立てとなる。また、日本文化において漢文が大きな役割を果たしてきたことを学ぶ上で適切な教材である。

明石の駅家《うまや》　駒手の御井《みゐ》は、難波高津宮の天皇《すめらみこと》の御世、楠、井の上に生ひたりき。朝日には淡路島を蔭《かく》し、夕日には大倭島根《やまとしまね》を蔭しき。仍《すなは》ち、其の楠を伐りて舟に造るに、其の迅きこと飛ぶが如く、一檝に七浪を去《ゆ》き越えき。仍《よ》りて速鳥と号《なづ》く。ここに、朝夕に此の舟に乗りて、御食《おほみけ》に供へむとして、此の井の水を汲みき。一旦《あるひ》、御食の時に堪《あ》へざりき。故《かれ》、歌作《よ》みて止めき。唱《うた》に曰はく、

住吉の　大倉向きて　飛ばばこそ　速鳥と云はめ　何か速鳥

といふ。

明石駅家　駒手御井者、難波高津宮天皇之御世、楠生於井上。朝日蔭淡路島、夕日蔭

大倭島根。仍伐其楠造舟、其迅如飛、一檝去越七浪。仍号速鳥。於是朝夕乗此舟、為供御食、汲此井水。一旦不堪御食之時。故作歌而止。唱曰、

住吉之　大倉向而　飛者許曾　速鳥云目　何速鳥

（『播磨国風土記』佚文、『釈日本紀』巻八所引）

二　和歌Ⅰ

［総説］上代の和歌と中古の和歌を読み比べることで、内容や表現の仕方について考察するきっかけが得られる。また、短く簡潔な和歌は、語句の意味、用法や文法、修辞を学ぶ上で適切な教材である。

柿本朝臣人麻呂の羈旅の歌　八首

御津の崎波をかしこみ隠り江の　舟公宣奴島尓
玉藻刈る敏馬《みねめ》を過ぎて夏草の野島の崎に舟近づきぬ
淡路の野島の崎の浜風に妹が結びし紐吹き返す
あらたへの藤江の浦に鱸釣る海人とか見らむ旅行く我を
稲日野も行き過ぎかてに思へれば心恋しき加古の島見ゆ
ともしびの明石大門に入らむ日や漕ぎ別れなむ家のあたり見ず
天離る鄙の長道ゆ恋ひ来れば明石の門より大和島見ゆ
飼飯の海庭良くあらし刈り薦の乱れて出づ見ゆ海人の釣船

柿本朝臣人麿羈旅歌八首

三津埼　浪矣恐　隠江乃　舟公宣奴島尓
珠藻苅　敏馬乎過　夏草之　野嶋之埼尓　舟近著奴
粟路之　野島之前乃　浜風尓　妹之結　紐吹返
荒栲　藤江之浦尓　鈴寸釣　泉郎跡香将見　旅去吾乎
稲日野毛　去過勝尓　思有者　心恋敷　可古能島所見
留火之　明大門尓　入日哉　榜将別　家当不見
天離　夷之長道従　恋来者　自明門　倭島所見
飼飯海乃　庭好有之　苅薦乃　乱出所見　海人釣船

（『万葉集』巻三・二四九〜二五六）

ほのぼのと明石の浦の朝霧に島隠れゆく舟をしぞ思ふ
　この歌は、ある人のいはく、柿本人麻呂が歌なり

（『古今集』羈旅・四〇九）

三　歴史物語

［総説］道真の物語を通して語られる人間、社会に対する思想や感情を、現代のそれと比較し、共通点・相違点を把握することで、ものの見方や感じ方、考え方を豊かにすることができる。

右大臣は、才、世にすぐれ、めでたくおはしまし、御心おきてもことの外に賢くおはします。左大臣は、御年も若く、才もことの外に劣り給へるにより、右大臣の御おぼえ、ことの外におはしましたるに、左大臣、安からず思したるほどに、さるべきにやおはしけむ、右大臣の御ためによからぬこと出できて、昌泰四年正月二十五日、大宰権帥になしたてまつりて流され給ふ。

この大臣、子どももあまたおはせしに、女君達は婿取り、男君達は皆ほどほどにつけて位どもおはせしを、それも皆かたがたに流され給ひて悲しきに、幼くおはしける男君・女君達、慕ひ泣きておはしければ、「小さきはあへなむ」と、おほやけも許させ給ひしぞかし。帝の御おきて、きはめてあやにくにおはしませば、この御子どもを同じ方につかはさざりけり。

かたがたにいと悲しく思し召して、御前の梅花を御覧じて、
　東風吹かば匂ひおこせよ梅の花主なしとて春を忘るな
また、亭子の帝に聞こえさせ給ふ、
　流れゆく我は水屑となりはてぬ君しがらみとなりて留めよ
なきことにより、かく罪せられ給ふを、かしこく思し嘆きて、やがて山崎にて出家せしめ給ひて、都遠くなるままに、あはれに心細く思されて、
　君が住む宿の梢を行くと隠るるまでもかへり見しはや
また、播磨の国におはしましつきて、明石の駅といふところに御宿りせしめ給ひて、駅の長のいみじく思へる気色を御覧じて、作らしめ給ふ詩、いと悲し。

　駅　長　莫　驚　時　変　改
　一　栄　一　落　是　春　秋

（『大鏡』巻一・左大臣時平）

題駅楼壁

離　家　四　日　自　傷　春

梅柳何因触処新
為問去来行客報
讃州刺史本詩人
（自注）帰州之次、到播州明石駅。自此以下八十首、自京更向州作。
（『菅家文草』巻四）

四　物語

［総説］代表的な物語作品であり、文体、音韻、語句、語彙、文法など各側面から表現の特色を学ぶことが可能である。また、物事の微妙な部分まで描き出す作者の筆力は、生徒の心情を豊かに育む教材性を持つ。

渚に小さやかなる舟寄せて、人二、三人ばかり、この旅の御宿りをさして来。何人ならむと問へば、「明石の浦より、前の守新発意の、御舟よろひて参れるなり。源少納言さぶらひ給はば、対面して事の心とり申さん」と言ふ。良清、驚きて、「入道はかの国の得意にて、年ごろあひ語らひ侍りつれど、私にいささかあひ恨むること侍りて、殊なる消息をだに通はさで、久しうなり侍りぬるを、波の紛れにいかなることかあらむ」とおぼめく。君の、御夢なども思しあはすることもありて、「はや会へ」とのたまへば、舟に行きて会ひたり。さばかりはげしかりつる波風に、いつの間にか舟出しつらむと心得がたく思へり。

「去ぬる一日の夢に、さまことなる物の告げ知らすること侍りしかば、信じがたきことと思う給へしかど、『十三日にあらたなるしるし見せむ。舟をよそひ設けて、かならず雨風やまば、この浦に寄せよ』とかねて示すことの侍りしかば、試みに舟のよそひを設けて待ち侍りしに、いかめしき雨風、雷の驚かし侍りつれば、人のみかどにも、夢を信じて国を助くるたぐひ多う侍りけるを、用ゐさせ給はぬまでも、この戒めの日を過ぐさず、このよしを告げ申し侍らんとて、舟出だし侍りつるに、あやしき風細う吹きて、この浦に着き侍りつること、まことに神のしるべ違はずなむ。ここにも、もし知しめすことや侍りつらむとてなむ。いと憚り多く侍れど、このよし申し給へ」と言ふ。

良清、しのびやかに伝へ申す。君、思しまはすに、夢うつつさまざま静かならず、さとしのやうなる事どもを、来し方行く末思しあはせて、「世の人の聞き伝へん後のそしりも、安からざるべきを憚りて、まことの神の助けにもあらむを背くものならば、またこれよりまさりて人笑はれなる目をや見む。うつつの人の心だになほ苦し。はかなきことをもつつみて、我より齢まさり、もしは位高く、時世の寄せ、いま一際まさる人には、なびき従ひて、その心向けをたどるべきものなりけり。退きて咎なしとこそ、昔の賢しき人も言ひおきけれ。今日かく命をきはめ、世にまたなき目のかぎりを見尽くしつ。さらに後のあとの名をはぶくとても、猛き事もあらじ。夢の中にも父帝の御教へありつれば、また何事をか疑はむ」と思して、御返りのたまふ。

「知らぬ世界に、めづらしき愁への限り見つれど、都の方よりとて言問ひおこする人もなし。ただゆくへなき空の月日の光ばかりを、古里の友とながめ侍るに、嬉しき釣舟をなむ。かの浦に静やかに隠ろふべき隈侍りなむや」とのたまふ。.限りなく喜びかしこまり申す。「ともあれかくもあれ、夜の明け果てぬ先に御舟に奉れ」とて、例の親しきかぎり四、五人ばかりして奉りぬ。例の風出で来て、飛ぶやうに明石に着き給ひぬ。ただ這ひ渡るほどは片時の間といへど、なほあやしきまで見ゆる風の心なり。

浜のさま、げにいと心ことなり。人しげう見ゆるのみなむ、御願ひに背きける。入道の領じめたる所どころ、海のつらにも山隠れにも、時々につけて、興をさかすべき渚の苫屋、行ひをして後の世のことを思ひすましつべき山水のつらに、いかめしき堂を建てて三昧を行ひ、この世の設けに、秋の田の実を刈り収め、残りの齢積むべき稲の倉町どもなど、折々所につけたる見所ありてし集めたり。高潮に怖ぢて、このごろ、むすめなどは岡辺の宿に移して住ませければ、この浜の館に心やすくおはします。

(『源氏物語』明石)

五　軍記

［総説］朗読や音読によって、リズムや響き、表現の美しさ、深さ、面白さに気付かせることのできる教材である。また、人間の生き方や考え方について、文中の表現を根拠に生徒同士で話し合う等の試みも可能である。

薩摩守忠度は、一の谷の西の手の大将軍にておはしけるが、紺地の錦の直垂に、黒糸威の鎧着て、黒き馬の太うたくましきに、沃懸地《いッかけぢ》の鞍置いて乗り給へり。その勢百騎ばかりが中に打ち囲まれて、いと騒がず、控へ控へ落ち給ふを、猪俣党に岡部の六弥太忠純、大将軍と目をかけ、鞭、鐙を合はせて追ッ付き奉り、「そもそもいかなる人で在しまし候ふぞ。名乗らせ給へ」と申しければ、「これは味方ぞ」とてふり仰ぎ給へる内甲より見入れたれば、かね黒なり。あッぱれ味方にはかねつけたる人はないものを、平家の君達でおはするにこそと思ひ、押し並べてむずと組む。これを見て、百騎ばかりある兵ども、国々の借り武者なれば一騎も落ち合はず、我先にとぞ落ち行きける。薩摩守、「にッくい奴かな。味方ぞと言はば言はせよかし」とて、熊野育ち、大力の早業にておはしければ、やがて刀を抜き、六弥太を馬の上で二刀、落ちつく所で一刀、三刀までぞ突かれける。二刀は鎧の上なれば通らず、一刀は内甲へ突き入れられたれども、薄手なれば死なざりけるを、取ッて押さへて頸をかかんとし給ふところに、六弥太が童遅ればせに馳せ来ッて、打刀を抜き、薩摩守の右の腕を、肘のもとよりふつと切り落とす。今はかうとや思はれけん、「しばしのけ、十念唱へん」とて、六弥太を掴うで、弓だけばかり投げのけられたり。その後西に向かひ、高声に十念唱へ、「光明遍照十方世界、念仏衆生摂取不捨」と宣ひも果てねば、六弥太、後ろより寄ッて、薩摩守の頸を打つ。良い大将軍討ッたりと思ひけれども、名をば誰とも知らざりけるに、箙に結び付けられたる文を解いてみれば、「旅宿花」といふ題にて、一首の歌をぞ詠まれたる。

行き暮れて木の下陰を宿とせば花や今宵の主ならまし　忠度

と書かれたりけるにこそ、薩摩守とは知りてンげれ。太刀の先に貫き、高く差し上げ、大音声を上げて、「この日ごろ平家の御方に聞こえさせ給ひつる薩摩守殿をば、岡部の六弥太忠純が討ち奉ッたるぞや」と名乗りければ、敵も味方もこれを聞いて、「あないとほし。武芸にも歌道にも達者にておはしつる人を。あッたら大将軍を」とて、涙を流し、袖を濡らさぬはなかりけり。

（『平家物語』巻九・忠度最期）

六　和歌Ⅱ

［総説］巧みな描写や繊細な表現を味読することで、時代の変遷の中で読み継がれてきた作品の普遍的価値を学べる点に、教材としての特色がある。

権中納言定家

来ぬ人をまつほの浦の夕凪に焼くや藻塩の身もこがれつつ

（『百人一首』九七）

明石浦 播磨

御製

袖濡れて幾夜あかしの浦風に思ふ方より月も出でにけり

僧正慈円

秋の夜の月ゆゑ得たる浦の名を雲に嵐の告げて過ぎぬる

大納言

明石潟波より遠方に空晴れて澄むらむ月の果てを知らばや
俊成卿女
知らぬ夜の雲井の外の秋までも明石の波に澄めるよの月
有家朝臣
秋の夜を月にあかしの苫さびし久しく起きてみつる霜かな
定家朝臣
明石潟いさ遠近もしら露の岡部の里の波の月影
家隆朝臣
明石潟うらみぬ袖も月宿る寝なまし海士の藻塩汲みつつ
雅経朝臣
明石潟月は波路の果てもなし秋をかぎりの有明の空
具親
隈もなくすむべき世々の友なれや明石の浦にうつる月影
秀能
明石潟雲を隔てて行く舟の待つらむ月に秋風ぞ吹く
（『最勝四天王院障子和歌』一五一～一六〇）

七　日記・紀行

［総説］活用の違い、主な助詞・助動詞などの意味・用法、係り結びなど、文語特有のきまりを理解するのに適した教材であり、それらを通して、文章の読みをより確かなものにすることができる。

八月十五日、去年の本意遂げんと思へば、まだ暁、明石へと心ざして出づ。なにはのことのよしとはなけれど、形のやうに続くる女、二、三人ばかり具して、男もその方ばかりなる十人ばかりして、駒並べて行く。生田の森は、君住まねば、言問ふこともなく過ぎぬ。和田の笠松を見て、

　時雨せば陰に隠れん名にし負ふ和田の岬に立てる笠松

須磨の宿に昼の餉設けたれば、立ち入りてやがて過ぐ。一の谷の辺にて雨降りぬ。須磨の関屋の跡に、松の三、四本ある陰にうち寄りて、蓑代衣など着る。

　朽ち果てし須磨の関屋の真木柱かたみ顔にも残る松かな

雨は少し隙あれど、空はなほ曇りて甲斐なければ、暮るるほどにぞ、明石へ行き着きぬる。

蘆の屋の浦より浦に伝ひ来て明石も須磨も今日見つるかな
　待ち得たる今宵の月は曇れども明石の浦の名にぞ慰む

「雨は降るとも、舟に乗りて漕ぎ出でんこそ、様変はりたる思ひ出ならん」とて、大きなる舟して汀遠く出でぬ。朧なる波の上に、釣する舟の篝火、数知らず、星かと見えて、今宵さへなほあかしなり。少し更くるほどに、雲名残なく晴れて、今ぞこの浦の名の甲斐ある歌どもありしかど、覚えず。ある人、

　宵の間に曇らざりせば月影のかくばかりやは嬉しからまし
曇りもなき明石の浦の月影に光添へたる海人の漁火

舟の内にて酒飲み、連歌して、四、五遍、淡路島、明石のあはひを漕ぎ廻るほど、笛を取り出でて、折に合ひたる調子吹きて、海青楽吹くに、思ほえず、漕ぎ来る舟より笙、篳篥を吹き合はせたり。折から、言ひ知らずおもしろし。一、二反して、東の舟、西の舟、声立つることなし。暁方になりぬれば、磯の松風吹き勝りて、浦伝ふ小夜千鳥の声も物寂し。

（飛鳥井雅有『無名の記』八月十五日条）

八　説話

［総説］　明確な構成・展開をそなえた説話作品であり、文脈や段落相互の関係を踏まえ、全体的な内容の理解の上に立って学習活動を展開してゆくのに適した文章である。

ある公卿、御所へ宮仕はむとて、年たけたる俗、参じたりけり。「何事をもて宮仕ふべき」と御尋ねあれば、「取り分きたる能なんど候はねども、何事にても、色節につきて知らぬ事候ふの間、世間に人みな、さる物と知りて、名をば一切智者の判官代と申し候ふ」と言ひければ、大切なりとて召し使はれけり。播磨の国司にて下り給ひけるに、召し具せられて下りぬ。

明石の浦にて、大網引かせて見給ひけるに、鞠ばかりなるものの、目、口もなきが、さすがに生き物にて、なめなめとしてくるめくなり。網人も、そのほかの者も「すべて先代も見ず」と申す。左右の者どもに尋ねらるれども、皆々「知らず」と申しければ、「まことや、かの判官代に尋ねよ」とて召し問はるるに、判官代も知らざりけれども、名乗りおきたること空しからじとや思ひけむ、「あれはさるものに候」と言ふに、「名はいかに」と問ひ給ひければ、「くぐるぐつと申す」と言へば、「さも言ふらむ。いみじく知りたり。日記せよ」とて、年月日なんど記して、名をばしかじか、一切智者の判官代が説なり、と書きつけてけり。

さて一任四ヶ年を過ぎて、上洛して、田舎の物語なんど人の中にてし給ひける。「まことや、不思議のものを、明石浦にて引き出だしたりしを、干して持てと言ひしはあるか」とて、召し出だしつ。「名をば何と申し候ふぞ」と人申さる。皆知らず、誰々も忘れぬ。日記をも尋ね失ひてけり。「さてはかの判官代に問へ」とて、御前に召されて問はるれば、これも、時に臨みて付けたる名にて忘れてけり。見ればからからと干たり。推しはからひて、「ひひりひつと申し候ふ」と申すに、上にも下にも「かくはなかりしものを」と沙汰ありけれども、「たしかにひひりひつにて候ふぞ」と申すところに、「日記をこそ見出だしたれ」と申して読みければ、「其年、其月、其日時、播磨明石の浦にて引き上ぐ。名をばくぐるぐつと言ふ。一切智者の判官代が説なり」とぞ読みける。「こはいかに」と言はれて、「あれは、生しく候ふ時は、くぐるぐつと申す。干て候ふは、ひひりひつと申す」と言ひければ、さもあるらむとて止みぬ。

（『沙石集』巻八「魂魄ノ俗事」）

九　能

［総説］和歌や物語など狭義の文学作品に留まらず、芸能など多様な言語芸術に触れ、伝統的な言語文化に対する広くかつ深い関心を持つ契機となる教材である。

シテ　あら面白や、われ盲目とならざりし前は、弱法師が常に見馴れし境界なれば、何疑ひも難波江に、江月照らし松風吹き、永夜の清宵何のなす所ぞや。住吉の、松の隙より眺むれば、

地謡　月落ちかかる、淡路島山と、

シテ　詠めしは月影の、

地謡　詠めしは月影の、今は入り日や落ちかかるらん。日想観なれば曇りも波の、淡路・絵島・須磨・明石、紀の海までも、見えたり見えたり。満目青山は心にあり。

シテ　おう、見るぞとよ、見るぞとよ。

地謡　さて難波の浦の、致景の数々、

シテ　南はさこそと夕波の、住吉の松影。
地謡　東の方は時を得て、
シテ　春の緑の日下山。
地謡　北はいづく、
シテ　難波なる、
地謡　長柄の橋のいたづらに、かなたこなたと歩くほどに、盲目の悲しさは、貴賤の人に行き逢ひの、転びただよひ難波江の、足元はよろよろと、げにもまことの弱法師とて、人は笑ひ給ふぞや。思へば恥づかしやな。今は狂ひ候はじ、今よりさらに狂はじ。

（観世元雅『弱法師』）

十 連歌

［総説］ 俳諧及び和歌と読み比べ、国文学における短詩型の歴史を通観することによって、伝統的な言語文化の変遷について理解を深め、古典の多様で豊かな世界を学ぶことを可能とする教材である。

延宝二年八月十一日
明石浦
人麿社法楽
賦御何連歌

朝霧やのぼりての代の岡の松　　宗因
眺めは尽きぬ海づらの秋
浦風に友呼ぶ千鳥雁鳴きて
真砂地照らす月の明け方
いとはやも結ぶか霜の深き夜に
草の枕の行く末の空
立ち迷ふ雲の遠山あらはれて
窓の外なる夕日しづけき
軒近き楢の広葉の陰涼し
来ぬ秋つぐるひぐらしの声
一通り雨降りすさぶ道の辺に
袖にも払ふ草むらの露
ませのうちに咲く朝顔の花ををりて

飽かぬ名残は東雲の月
涙のみ留め置きたる言の葉に
遅れじとこそ契る玉の緒
長からぬこの世に変はる人は憂し
ならひもはかな栄へ衰へ
花の色に惜しむこそなほ日数なれ
霞流れてゆく初瀬川
春ながらはげしくもあるか山颪
すずの篠屋の荒れまさるころ
一夏を送るほどなく冬籠もり
暁起きの衣手の霜
夜半の月白きを見れば園の菊
紅葉乱れて陰まばらなり
入る鹿の声吹き返す山風に
かたへは消ゆる峰の薄霧
引き捨つる雲かとまがふ滝の水

岩踏む方は逢ふ人もなき
み吉野は身の憂き時のあらましに
いかに桜の木の下の庵
暮らしたる所を春の仮枕
都はあとの霞のみして
遠からぬ舟路も悲し須磨の浦
沖に見る見る荒磯の波
曇り日の影は時雨を先立てて
柴刈りをのこ急ぐ帰るさ
ありつきし住処とてこそ小野の里
嵐もさぞなこのごろの秋
旅衣うち思ひやる槌の音
契りや同じ袖に置く露
面影は夢となりにし空の月
古き枕のさびしかたはら
床の上に塵も幾夜か積もるらん

あせたる池に羽ぶく水鳥
霜氷いたく冴えぬる朝ぼらけ
笹の葉かしげ絶え絶えの道
山守に問へば奥には花もなし
春も尽きぬと鐘は入相
つれづれと門さす寺や霞むらん
終はれば帰る法の場人
去りし日を慕ふもあはれ遠ざかり
夕暮れかけて送る江の舟
水広き流れの北に飛ぶ鴉
片山ぎはの松の群立ち
里はただありとばかりの薄煙
雪や軒端を埋みはつらん
麻衾重ねてもなほ寒き夜に
別れし妹は夢にだに見ず
物思ふ月のころしも旅にして

涙添へてや虫の鳴くらん
たふまじき宿りは秋の浅茅生に
風野分だつ陰の草垣
身を尽くす賤が山田は安からで
岩せき落とす水の引き引き
夏知らぬ砌となせる松の下
入りそむるより室静かなり
瘧病今日や心地もまぎるらん
乱れし筋をけづる朝髪
移り香は咎むばかりの後朝に
あだけつきぬる袖のよそほひ
月待つと言ひてうかるる夕々
いまだ暑さの残るころほひ
秋の蝉今いくほどの声ならん
森の下葉の色ぞ変はれる
吹く風は神も諌めず散る花に

霞もなびくしめ縄の末
水口の沢小田かへす時を得て
人すだくらし里とよむ音
駅路の鈴振りはへて忙はし
東の方は曙の雲
雪のなか年の内より春立ちて
深山住まひに誰を待つらん
谷の戸も浮世をかくる一つ橋
かへらぬ水に昔をぞ見る
手馴れしか影や硯に残るらん
詩を嘯けば月のさやけさ
七夕をまつる夜涼し天つ空
雲井の庭の玉と散る露
桐の葉の風につけても憂き思ひ
恋てふものよ秋よ夕べよ
我からの涙と知るもこぼれ添ひ
心のうらを何頼むらん
待つことはあるべき老いの末ならで
山柴の屋に山ほととぎす
欹つる枕に雨は過ぎけらし
明けばまづ見ん花の朝露
青柳の梢に風は収まりて
春ゆく川の水の遠近

（西山宗因「延宝二年八月十一日賦御何連歌」）

十一　俳諧・評論

［総説］歴史的な観点から、日本と中国の文化の関係について考察し、あるいは日本文化の特質について理解する契機となる教材である。

東須磨・西須磨・浜須磨と三ところにわかれて、あながちに何わざするとも見えず。「藻塩たれつつ」など歌にも聞こえ侍るも、今はかかるわざするなども見えず。きすごといふ魚を網して真砂の上に干し散らしけるを、烏の飛び来たりてつかみ去る。これを憎みて、弓をもて威すぞ海士のわざとも見えず。もし古戦場の名残をとどめてかかることをなすにやと、いとど罪深く、なほ昔の恋しきままに、鉄拐が峰に登らんとする。導きする子の、苦しがりてとかく言ひまぎらはすを、さまざまにすかして、「麓の茶店にて物喰らはすべき」など言ひて、わりなき体に見えたり。彼は、十六と言ひけん里の童子よりは四つばかりも弟なるべきを、数百丈の先達として羊腸険岨の岩根を這ひ登れば、滑り落ちぬべきことあまたたびなりけるを、躑躅・根笹に取りつき、息を切らし、汗をひたして、やうやう雲門に入るこそ、心もとなき導師の力なりけらし。

須磨の海人の矢先に鳴くかほととぎす
ほととぎす消えゆく方や島一つ
須磨寺や吹かぬ笛聞く木下闇

　　明石夜泊

蛸壷やはかなき夢を夏の月

かかるところの秋なりけりとかや。この浦のまことは秋をむねとするなるべし。悲しさ、寂しさ、言はんかたなく、秋なりせばいささか心の端をも言ひ出づべきものをと思ふぞ、わが心匠の拙きを知らぬに似たり。淡路島手に取るやうに見えて、須磨・明石の海、右左にわかる。呉楚東南の詠めもかかるところにや。物知れる人の見侍らば、さまざまの境にも思ひなぞらふるべし。

（『笈の小文』）

面梶よ明石の泊まりほととぎす　　野水

『猿蓑』撰のとき、去来曰く、「この句は、先師の『野を横に馬引き向けよ』と同前なり。入集すべからず」。

先師曰く、「明石のほととぎすと言へるもよし」。

来曰く、「明石のほととぎすは知らず。一句ただ馬と舟と替へ侍るのみ。句主の手柄なし」。

先師曰く、「句の働きにおいては一歩も動かず。明石を取柄に入れば入れなん。撰者の心なるべし」となり。つひにこれを除き侍る。

（向井去来『去来抄』）

十二　戯作

［総説］登場人物の行動や、それを見つめる作者の態度から、作品に込められた思想や感情を読み取り、現代では忘れられがちなものの見方、感じ方、考え方を知ることができる。

浦の初島浪あらく、武庫の山風はげしく、夕立雲の立ちかさなり、また朝盛も出づべき景色、程なく降つてきて、道行き人、思はぬ難儀となりぬ。

ここに明石より尼崎への使者、堀越左近といふ人、生田の小野の榎の木の陰に雨宿りしてありしに、かかる時十二、三なる美少人、まだ夏ながら紅葉傘を持つて、ささで来にけり。左近を見かけ、「唐笠の御用に立つべし」と下人に渡しぬ。「御志、近ごろかたじけなし。されども、さしあたつて不思議あり。それ持ちながら、その身雨に濡れ給ふは」といふ。少人、涙を流す。「なほ子細あるべし。語り給へ」と聞くに、「某は長坂主膳がせがれ、小輪と申す者なり。父浪人して甲州を引き越し、豊前に立ちのきしに、船中にて病死。是非なくこの浦里に煙となし、所の人の情、あるに甲斐なき浜びさしをしつらひ、窓の呉竹世をわたるわざとて、傘の細工見なれて、母人の手して男のすなる事を思へば、我が身濡るればとて、天のとがめも恐ろしく存じてささず」といふ。

されば、売扇の祖母子は手に日をかざし、箕売り笠でひるのたぐひなるべしと、この心入れを感じ、母の住める里まで人付けて見届け、明石に帰りすぐに登城して、御返状をさしあげ、御機嫌のついでに、小輪あらましを御物語り申しあぐれば、「それ連れきたれ」との仰せ。

左近喜悦の迎ひに、小輪母子ともに輦車して来たり、御前にいざなひけるに、わざとならぬ顔ばせ、遠山に見初むる月のごとし。髪は声なき宿鳥にひとしく、芙蓉のまなじり、鶯舌の声音、梅すなほなる心ざし、次第にあらはれ、出頭日に増し、夜の友となりぬ。

御次に寝ずの番、聞き耳立てるは、御たはぶれあらけなくなりて、「我に命を捨つる」と仰せらるれども、さらにかたじけなきとは申さず、「御威勢にしたがふ事、衆道の誠にはあらず。やつがれもおそらくは心を磨き、誰人にても執心を懸けなば、身に替へてねんごろして、浮世のおもひでに、念者を持ってかはゆがりて見たし」と申せば、すこし御せきあそばし、座輿に取りなし給へど、「今申しあげし詞、日本の神ぞ偽りなし」といふ。殿もあきれさせたまひ、この強き心根にくからずおぼしめされて。

ある夕暮、風待つ亭に前髪あまためしよせられ、名所酒数かさなり、御遊興の折から、にはかに星の林も影くらく、人丸の社の松さわぎて、風なまぐさく雲引きはゆる中に、一眼の入道、軒端まぢかく飛び来たり、左の手を二丈あまりもさしのべて、一座の鼻をつまむ事、興さめて、まづ殿の前後を守護し、常の御居間に取り急ぎて入らせ給ふ。跡、地ひびきして山も崩るるごとし。

夜半過ぎて、御築山の西なる桜茶屋の杉戸を破りて、幾年かふりし狸の首切り離されて、今に牙をならし、すさまじき有様を言上申せば、「さては今宵の震動、そのわざなるべし。誰かしとめけるぞ」と御家中詮議あれども、この手柄申し出づる人もなく、あたら名を埋みぬ。

それより七日すぎての夜、丑の刻に大書院の箱棟に小女の声して、「科なき親を殺せし小輪が身の上、おつつけ危ふかるべし」と、三たびののしつて失せぬ。「さてこそ小輪がはたらき」と、感じ入らざるはなし。

（井原西鶴『男色大鑑』巻二「傘持つてもぬるる身」）

十三　漢詩

［総説］日本人の思想や感情が漢語・漢文の持つ普遍性を通して表現された例を知り、古典への興味・関心を広げることを可能にする教材である。

和藤平輔赤石詠　菅公祠

海駅梅開倚石屏
行人仍想涙衫青
紫陽消息花千里
赤浦風煙春一庭
已使貞松分雅詠
肯同幽蕙入騒経
関山玉笛空寥落
日暮天寒長短亭

（『蛻巌集』巻三）

登鉄拐峰

古塁烏啼不見人
嶺雲澗水共傷春
誰知夜半風前笛
吹落梅花作戦塵

（『蛻巌集』巻四）

十四夕登海楼同諸友飲

二十二年赤浦秋
瑶簫金管慣同遊
樽前無復蕁鱸思
棘鬣如山月満楼

（『蛻巌集』後編・巻三）

十四　浄瑠璃

［総説］　登場人物の心理や行動を的確に読み取ることで、想像力を伸ばし、豊かな感性や情緒を育むことに資する教材である。

わだつみの、浪の面照る月影も、明石の浦の泊まり船、風待つ種のつれづれを、慰めかねて阿曽次郎、舳先に立出で月影に、四方を見はらす気晴らしの、煙草の煙吹きなびく、船路の旅ぞ物寂し。そばにかかりし大船は、秋月弓之助が帰国の乗船、乗り手も水主も船くたびれ、前後も知らぬ高いびき。娘深雪はただ一人、目さへも合はぬ恋人を、思ひこがれて鬱々と、恋に心をつくし琴、せめて慰むよすがもと、かきならしたる糸しらべ。露のひぬ間の朝顔に、照らす日影のつれなきに、「テ合点の行かぬ。アノ歌は過ぎつる宇治の蛍狩りに、秋月の娘深雪が扇に、それがしが書いて与へし朝顔の唱歌。声さへ深雪に生き写し。ハテいぶかしさよ」と見上ぐれば、あなたも見下ろすかき立ちの、顔はまさしく、「深雪殿ではないか」「ヤア阿曽次郎様。逢ひたかつた」と我を忘れて乗り移るを、抱きとりて口に手を当て、「声が高い深雪殿。思ひもよらぬ今の対面。何故にこのところに」「さればいな、宇治でお別れ申してより、モ片時忘れず泣き暮らすうち、国元に騒動起こり、父母ともにはかの旅立ち。所詮逢ふこと叶はぬかと、何ぼう悲しう思うたに、ここで逢うたは尽きせぬ縁、どうぞこの身を何処へも、連れて退いて給はれ」と、ひつたり抱きつきの夜の、影も隔てぬ比翼鳥、離れがたなき風情なり。阿曽次郎も心を察し、「ヲヽ嬉しいそなたの志、忘れは置かぬさりながら、そなたを今連れ退いては、それがしが武士道立たず。ことにこのたび伯父の頼みにて逃れぬ主用、なほもつて女を同道しがたき入りわけ。ある縁ならば添ふ時節もあらう。かうしてゐては人の咎め、サアちやつと元の船へ乗つてたも」「エヽそりや聞こえませぬ阿曽次郎様。添はれる時節もあろうとは、当座逃れの捨て詞。お気に入らずは打ち明けて、包まずそれと言うてたべ。もしもお前に添ふことの、ならぬ時には淵川へ、この身を投げ死にまする。ふたたび他の夫迎へ、せぬを誓ひし身の潔白。さらば」とばかり水底へ、すでに飛ばんと立ち上がるを、あわてて驚き抱きとめ、「コレ待つた。早まるまい」「イエ〳〵放して、殺してくださんせ」「アヽ是非もなし。それほどまで思ひつめた娘心、見殺しに、マどうせられう。不義いたづらと世の人口、そしらばそして連れて退く。コレ尽未来まで女房ぢや」「エヽ嬉しうござんすかたじけない。そんなら願ひをかなへてくださんすか」「ヲヽ武士の詞に二言はない。さりながら、このままに連れて退けば、親たちの、もしや海川へも身を投げたかと、お嘆きあらんは定のもの。くはしい様子をつい一筆」「ヲヽよう言うてくださんした。私もさう思うてをります。ガどうぞ料紙を貸してくださんせ」「ヲヽ心得し」と懐紙、腰をさぐつて、「南無三宝。そなたを抱き止める拍子、海へ何やら落とせし水音。旅矢立をはめてのけた。アヽどうしたらよからうぞ」「ヲヽそれなら待つてくださんせ。二親はじめ付き付きまで、旅くたびれの寝入りばな、そつと元船へいんで、一筆書き置きしてきませう」「ヲヽそれよからう。ガ、コレかならず物音させて、親たちの目が覚めぬやう」「心得ました」と立ち上がれば、阿曽次郎は肩車、あなたの船へ乗り移らす。音に目覚ます船頭ども、「ヲヽ地嵐が吹き出した。碇を上げよ、帆を巻け」と騒ぎ出せば、「なう悲しや」とあせるうち、船は次第に遠ざかる。コハ何とせん、かとせんと、あせるはずみに阿曽次郎が、船へ投げこむ扇の別れ。跡しら浪を隔ての船、つながぬ縁ぞ、是非もなき。

（『生写朝顔話』明石船別れの段）

十五　詩

［総説］比喩、反復、倒置などの表現の技法、感覚的な語句や表現の使用、句の長短など詩特有の表現に着目しながら読み、書き手の工夫を理解する態度を持たせる上適切な教材である。

時は暮れ行く春よりぞ
また短きはなかるらん
恨は友の別れより
さらに長きはなかるらん

君を送りて花近き
高楼《たかどの》までもきて見れば
緑に迷ふ鶯は
霞空しく鳴きかへり

白き光は佐保姫の
春の車駕《くるま》を照らすかな

これより君は行く雲と
ともに都を立ちいでゝ
懐へば琵琶の湖の
岸の光にまよふとき
東胆吹の山高く
西には比叡比良の峯

日は行き通ふ山々の
深きながめをふしあふぎ
いかにすぐれし想をか
沈める波に湛ふらん

流れは空し法皇の
夢杳かなる鴨の水
水にうつろふ山城の
みやびの都行く春の
霞めるすがた見つくして
畿内に迫る伊賀伊勢の
鈴鹿の山の波遠く
海に落つるを望むとき
いかに万の恨をば
空行く鷲に窮むらん

春去り行かば青によし
奈良の都に尋ね入り
としつき君がこひ慕ふ
御堂のうちに遊ぶとき
古き芸術《たくみ》の花の香の
伽藍の壁に遺りなば
いかに韻《にほひ》を身にしめて
深き思に沈むらん

さては秋津の島が根の
南の翼紀の国を
回りて進む黒潮の
鳴門に落ちて行くところ
天際《あまぎは》遠く白き日の
光を泄らす雲裂けて
目にはるかなる遠海の

波の踴るを望むとき
いかに胸うつ音高く
君が血潮のさわぐらん

または名に負ふ歌枕
波に千とせの色映る
明石の浦のあさぼらけ
松万代の音に響く
舞子の浜のゆふまぐれ
もしそれ海の雲落ちて
淡路の島の影暗く
狭霧のうちに鳴き通ふ
千鳥の声をきくときは
いかに浦辺にさすらひて
遠き古《むかし》を忍ぶらん

げに君がため山々は
雲を停めん浦々は
磯に流るゝ白波を
揚げんとすらんよしさらば
旅路はるかに野辺行かば
野辺のひめごと森行かば
森のひめごとさぐりもて
高きに登り天地の
もなかに遊び大川の
流れを窮め山々の
神をも呼ばひ谷々の
鬼をも起こし歌人の
魂をも遠く返しつゝ
清《すず》しき声をうちあげて
朽ちせぬ琴をかき鳴らせ

あゝ歌神の吹く気息《いき》は
絶えてさびしくなりにけり
ひゞき空しき天籟は
いづくにかある

九つの
芸術《たくみ》の神のかんづまり
かんさびませしとつくにの
阿典《あぜん》の宮殿《みや》の玉垣も
今はうつろひかはりけり
草の緑はグリイスの
牧場を今も覆ふとも
みやびつくせしいにしへの
笛のしらべはいづくぞや
かのバビロンの水青く
千歳の色をうつすとも

柳に懸けしいにしへの
琴は空しく流れけり

げにや大雅《みやび》をこひ慕ふ
君にしあれば君がため
芸術《たくみ》の天《そら》に懸る日も
時を導く星影も
いづれ行くへを照らしつゝ
深き光を示すらん

さらば名残はつきずとも
袂を別つ夕まぐれ
見よ影深き欄干《おばしま》に
煙をふくむ藤の花
北行く鴈は大空の
霞に沈み鳴き帰り

彩なす雲も愁ひつゝ
君を送るに似たりけり

あゝいつかまた相逢ふて
もとの契りをあたゝめむ
梅も桜も散りはてゝ

すでに柳はふかみどり
人はあかねど行く春を
いつまでこゝにとゞむべき
われに惜むな家づとの
一枝の筆の花の色香を

(島崎藤村「晩春の別離」、『夏草』所収)

十六　小説

［総説］登場人物の状況や、その人物が行動する場面の情景、さらには人物の心情の推移などを把握し、表現を味わうことに適した教材である。

十二

「昨夕も手紙を書きましたが、今日もまた今朝以来の出来事を御報知します。こう続けて叔父さんにばかり手紙を上げたら、叔父さんはきっと皮肉な薄笑いをして、あいつどこへも文をやる所がないものだから、已《やむ》を得ず姉と己《おれ》に対してだけ、時間を費やして音信《たより》を怠らないんだと、腹の中で云うでしょう。僕も筆を執りながら、ちょっとそう云う考えを起しました。しかし僕にもしそんな愛人ができたら、叔父さんはたとい僕から手紙を貰わないでも、喜こんで下さるでしょう。僕も叔父さんに音信を怠っても、その方が幸福だと思います。実は今朝起きて二階へ上って海を見下していると、そういう幸福な二人連が、磯通いに西の方へ行きました。これはことによると僕と同じ宿に泊っている御客かも知れません。女がクリーム色の洋傘《こうもり》を翳して、素足に着物の裾を少し捲りながら、浅い波の中を、男と並んで行く後姿を、僕は羨ましそうに眺めたのです。波は非常に澄んでいるから高い所から見下すと、陸に近いあたりなどは、日の照る空気の中と変りなく何でも透いて見えます。泳いでいる海月《くらげ》さえ判切《はっきり》見えます。宿の客が二人出て来て泳ぎ廻っていますが、彼らの水中でやる所作が、一挙一動ことごとく手に取るように見えるので、芸としての水泳の価値が、だいぶ下落するようです。（午前七時半）」

「今度は西洋人が一人水に浸っています。あとから若い女が出て来ました。その女が波の中に立って、二階に残っているもう一人の西洋人を呼びます。『ユー、カム、ヒヤ』と云って英語を使います。『イット、イズ、ヴェリ、ナイス、イン、ウォーター』と云うような事をしきりに申します。その英語はなかなか達者で流暢で羨ましいくらい旨く出ます。僕はとても及ばないと思って感心して聞いていました。けれども英語の達者なこの女から呼ばれた西洋人はなかなか下りて来ませんでした。女は泳げないんだか、泳ぎたくないんだか、胸から下を水に浸けたまま波の中に立っていました。すると先へ下りた方の西洋人が女の手を執って、深い所へ連れて行こうとしました。女は身を竦めるようにして拒みました。西洋人はとうとう海の中で女を横に抱きました。女の跳ねて水を蹴る音と、その笑いながら、きゃっきゃっ騒ぐ声が、遠方まで響きました。（午前十時）」

「今度は下の座敷に芸者を二人連れて泊っていた客が端艇《ボート》を漕ぎに出て来ました。この端艇はどこから持って来たか分りませんが、極めて小さいかつすこぶる危しいものです。客は漕いでやるからと云って、芸者を乗せようとしますが、芸者の方では怖いからと断ってなかなか乗りません。しかしとうとう客の意の通りになりました。その時年の若い方が、わざわざ喫驚《びっくり》して見せる科が、よほど馬鹿らしゅうございました。端艇がそこいらを漕ぎ廻って帰って来ると、年上の芸者が、宿屋のすぐ裏に繋いである和船に向って、船頭はん、その船空いていまっかと、大きな声で聞きました。今度は和船の中に、御馳走を入れて、また海の上に出る相談らしいのです。見ていると、芸者が宿の下女を使って、麦酒《ビール》だの水菓子だの三味線だのを船の中へ運び込ましておいて、しまいに自分達も乗りました。ところが肝心の御客はよほど威勢のいい男で、遥か向うの方にまだ端艇を漕ぎ廻していました。誰も乗せ手がなかったと見えて、今度は黒裸の浦の子僧を一人生捕っていました。芸者はあきれた顔をして、しばらくその方を眺めていましたが、やがて根かぎりの大きな声で、阿呆と呼びました。するると阿呆と呼ばれた客が端艇をこっちへ漕ぎ戻して来ました。僕は面白い芸者でまた面白い客だと思いました。（午前十一時）」

「僕がこんなくだくだしい事を物珍らしそうに報道したら、叔父さんは物数奇だと云って定めし苦笑なさるでしょう。しかしこれは旅行の御蔭で僕が改良した証拠なのです。僕は自由な空気と共に往来する事を始めて覚えたのです。こんなつまらない話を一々書く面倒を厭わなくなったのも、つまりは考えずに観るからではないでしょうか。考えずに観るのが、今の僕には一番薬だと思います。わずかの旅行で、僕の神経だか性癖だかが直ったと云ったら、直り方があまり安っぽくって恥ずかしいくらいです。が、僕は今より十層倍も安っぽく母が僕を生んでくれた事を切望して已《や》まないのです。白帆が雲のごとく簇って淡路島の前を通ります。反対の側の松山の上に人丸の社があるそうです。人丸という人はよく知りませんが、閑があったらついでだから行って見ようと思います」

（夏目漱石『彼岸過迄』「松本の話」）

表紙写真：矢嶋　巌　撮影

国語科教職教育研究資料　明石の文学

2018年 3月16日発行

著　者　伊藤　茂・岡村弘樹・鎌田智恵
小林雄一・白方佳果・中村健史
中村真理・三原尚子

発売元　ブックウェイ
〒670-0933　姫路市平野町62
TEL.079 (222) 5372　FAX.079 (223) 3523
http://bookway.jp
印刷所　小野高速印刷株式会社

ISBN978-4-86584-300-2